BEI GRIN MACHT SICH IHR WISSEN BEZAHLT

Thimo Buchmüller

Elemente von Nietzsches Denken in Kafkas literarischem Werk

GRIN Verlag

Bibliografische Information der Deutschen Nationalbibliothek:

Die Deutsche Bibliothek verzeichnet diese Publikation in der Deutschen National-
bibliografie; detaillierte bibliografische Daten sind im Internet über http://dnb.d-
nb.de/ abrufbar.

Impressum:

Copyright © 2008 GRIN Verlag GmbH
Druck und Bindung: Books on Demand GmbH, Norderstedt Germany
ISBN: 978-3-656-46638-3

Dieses Buch bei GRIN:

http://www.grin.com/de/e-book/230598/elemente-von-nietzsches-denken-in-kafkas-
literarischem-werk

GRIN - Your knowledge has value

Der GRIN Verlag publiziert seit 1998 wissenschaftliche Arbeiten von Studenten, Hochschullehrern und anderen Akademikern als eBook und gedrucktes Buch. Die Verlagswebsite www.grin.com ist die ideale Plattform zur Veröffentlichung von Hausarbeiten, Abschlussarbeiten, wissenschaftlichen Aufsätzen, Dissertationen und Fachbüchern.

Elemente von Nietzsches Denken in Kafkas literarischem Werk an Hand zweier Beispiele

Inhaltsverzeichnis: Elemente von Nietzsches Denken in Kafkas literarischem Werk an Hand zweier Beispiele

1.Einleitung

Kafka und Nietzsche. Der Dichter und der Philosoph. Das Denken und Werk dieser beiden Geistesgrößen bildet den Gegenstand meiner Arbeit. Ich will Elemente von Nietzsches Philosophie in Kafkas literarischem Werk auffinden. Auffinden, ich sage es bewusst, in Abgrenzung zu einem Herausstellen. Es ist mir nicht daran gelegen, aufzuzeigen wo Kafka Nietzsches Gedanken Eins zu Eins verarbeitet hat. Dafür sind die Gedanken eines Menschen ein zu komplexer Vorgang, geprägt von unzähligen Einflüssen, um allein am literarischem Werk, zumal nach so langer Zeit und bei einem Dichter wie Kafka, dessen Werk in sich verschlossen und schwer zu entschlüsseln ist, einzelne Einflüsse zurückverfolgen zu können. Das Dichten ist, bei aller Tiefe, nur eine oberflächliche Manifestation des Denkens. Kafka zu unterstellen, er habe Nietzsches Gedanken verdichtet, ist zudem eine Abwertung der Einzigartigkeit von Kafkas Schaffen. Kafka hat Nietzsche gelesen, dieser hat „ einen gewissen Anteil an Kafkas intellektueller Erziehung"[1], wird gar als „geistiger Vorfahr Kafkas" [2]bezeichnet. Nietzsche hatte also mit Sicherheit einen großen Anteil an der Entwicklung Kafkas, die Möglichkeit, dass seine Gedanken sich in Kafkas Werk wiederfinden ist daher wahrscheinlich. Mir ist jedoch nicht daran gelegen, Kafkas Werk wie ein Chirurg unters Messer zu legen und jenen Gedanken explizit Nietzsche, jenen Kafka zuzuordnen. Vielmehr will ich einen tief gehenden Vergleich anstellen, wobei es mehr als wahrscheinlich ist, dass jene Parallelen mehr als nur Zufallsprodukte sind, was der geistige Einfluss Nietzsches unterstreicht. Ich nenne diese Parallelen Elemente von Nietzsches Denken, will diese Elemente aber im Werk stehen lassen und nicht davon abtrennen und dann Nietzsche zuordnen. Eine hohe Wahrscheinlichkeit reicht nicht, so will ich mich auf einen Vergleich mit der Möglichkeit eines Ursprungs in Nietzsches Denken beschränken. Damit der Vergleich deutlicher wird, werde ich mich auf einen philosophischen Bereich Nietzsches beziehen und zwei Werke Kafkas als vergleichendes Beispiel gegenüberstellen. Ich werde die Erkenntnistheorie Nietzsches mit der Erzählung „Der Jäger Gracchus" vergleichen, stelle ihr dann als Verstärkung „Die Bäume" nach. Als Vorbereitung stelle ich zunächst grundlegende Charakteristika

---

[1] Heller, Erich: Franz Kafka, 1976, 3. Auflage, Berlin, S.96
[2] Heller, Erich: Franz Kafka, 1976, 3. Auflage, Berlin, S.96

im Denken beider Schriftsteller dar, arbeite kurz allgemeine Ähnlichkeiten heraus und gebe Hypothesen zur Ursache dieser.

2. Charakteristika des Denkens

2.1 Nietzsche

Friedrich Nietzsche(1844-1900). Einer der bekanntesten Philosophen der Neuzeit. Kaum ein Anderer wagte es, das „Ungeheure"[3] derart weit zu denken wie er. Er dachte kühn, reflektierte sich selbst grenzenlos kritisch, ohne Rücksicht auf Schmerz und Leid, das ihm diese Eigendurchleuchtung bereiten könnte. Dabei gerieten seine sich selbst mehrenden Gedanken durch ihre Vielfalt immer wieder mit sich selbst in Widerspruch, er warf um, was er zuvor erkannt zu haben meinte. Und doch war er paradoxerweise häufig fest von der Gültigkeit seiner Vorstellungen überzeugt, sah sich als einen Propheten neuer Ideen, war zeitweise vom Größenwahn ergriffen. In diesem Widerspruch wird der Konflikt Nietzsches deutlich, der sein Leben lang mal zu Tage trat, mal nur im Hintergrund vorlag, ihn aber ständig begleitete. Es ist dies der „ Grenzverkehr[..] zwischen Physik und Metaphysik"[4]. Auf der einen Seite will er die Welt physiologisch entzaubern, auf der anderen Seite verleiht er diesen nüchternen Erkenntnissen neuen „ metaphysischen Zauber"[5]. Er will die Dinge so begreifen wie sie sind, gleich wie „abscheulich und häßlich"[6] diese Wahrheit auch wäre, anderseits sagt er auch: „...Mit Illusionen, Einseitigkeiten, Leidenschaften muss geheizt werden...."[7] Dieser Streit zwischen nüchtern realistischer Weltsicht (oder Nihilismus) auf der einen Seite, auf der anderen Seite das Beimessen einer lebensbejahenden Kraft in eben dieser Erkenntnis, eine Verzauberung und Nutzbarmachung seiner Erkenntnisse zu Gunsten des Lebens, bleiben Nietzsches zentrales Thema,„...Sein Versuch und seine Versuchung."[8] Eine Vereinigung dieser Auffassungen bot sich Nietzsche auf sprachlicher Ebene durch das Mittel der Dichtung. So gibt es wohl kaum einen Philosophen, der seine Ideen und Erkenntnisse derart ausgeprägt in Form von Dichtung verschlüsselte. Diese Art des Schreibens, statt eines Systems die aphoristische

---

[3] Safranski, Rüdiger: Nietzsche –Biographie seines Denkens, München -Wien 2000 1.Auflage, S.14
[4] ebenda, S.14
[5] Ebenda, S.14
[6] „zit. nach:" Ebenda S.35
[7] „zit. nach: Ebenda S.203
[8] Ebenda, S.14

Kurzform, statt sprachlich-analytischer Nüchternheit ein pathetisch-lyrischer Stil, statt einer endgültigen Festlegung eine ständig im Wandel begriffene Philosophie, erschwert das Herausarbeiten seiner Ideen, verleiht ihm aber jene charakteristische Besonderheit und eine ungeahnte Tiefe. Nietzsches Denken bezeichnet den großen Bruch mit der klassisch-abendländischen Philosophie hin zum post-modernen Denken- so lehnt er die Möglichkeit einer absoluten Erkenntnis ab, kritisiert die traditionellen Moralvorstellungen, bricht mit Sprache als gesicherte Basis der Kommunikation, betont neben dem Verstand das „...Dunkel-Triebhafte[...]...“[9]als Gestalter der Welt. Nietzsche war ein radikaler Kritiker und Neuerer, dessen Denken über ihn selbst hinaus ragte.

2.2 Kafka

Franz Kafka(1883-1924). Einer der einflussreichsten Schriftsteller der Neuzeit. „...Sein Werk (gilt als) das verschlossenste unseres Zeitalters, birgt [...] die undurchdringlichsten Geheimnisse, die jemals in eine Dichtung versenkt wurden.“[10]. Er gilt als der Dichter der Angst, der Dichter, der das Epochengefühl der Verlorenheit des Einzelnen am reinsten ausdrückte. Durch seine Werke zieht sich eine Absurdität, die ängstigt und zugleich lachen macht, das Groteske, das Kafka erreicht, indem er sich eine Welt mit eigenen Gesetzen schafft, die als Zerrbild unserer Wirklichkeit erscheint, ist Satire und tödlicher Ernst zugleich. Eines haben alle Werke gemein: Die Protagonisten erwachen oder wenden sich gegen die „...begrenzte[...] Ordnung...“[11], dieser Versuch führt zur vollkommenen Desorientierung, die Ordnung wendet sich gegen den Erkennenden. Diese Protagonisten sind passiv, eine höhere Macht ist der eigentliche Handlungsträger, sie nur Spielfiguren. Das Tragische ist, dass sie sich ihrer eigenen Tragik oft bewusst sind, und dennoch verzweifelt weiter kämpfen. Sie „kämpfen [...] auf der Grenze zwischen Leben und Tod, Diesseits und Jenseits....“[12]Kafka skizziert die Individualisierung als Auflösung jeder Ordnung, verbindet es mit einer Kritik an der Unterwerfung des verlorenen Subjekts unter eine automatisierte Maschinenwelt, und führt hin auf eine radikale Kritik am Erkennen und an der Sprache. Er arbeitete hierbei

---

[9] Bergmann, Rainer u.a.: Zugänge zur Philosophie, Berlin 1995, 1.Auflage S.116

[10]Emrich, Wilhelm: Frankfurt am Main 1970, 6. Auflage S.13

[11] Ebenda, S.17

[12] Ebenda, S.20

mit einer nüchternen Sprache, die eben durch jene Nüchternheit so messerscharf schneidet und dem Absurden damit den Anschein einer Wirklichkeit gibt, die es nicht hat. Gerade durch das Verschließen gegen ein allgemeines Verständnis bekommen seine Werke aber jene unvergleichliche Schönheit, weil sie eben unverkennbar eine tiefere Wahrheit in sich bergen. Fern aller Wertung: Kafka einer der einflussreichsten Schriftsteller der Neuzeit.

2.3 Vergleichende Darstellung der Charakteristika und Hypothesen zur Ursache der Ähnlichkeiten

Kafka und Nietzsche. Trotz großer sprachlicher Differenzen zeigen sich bei näherem Hinsehen auffällige Parallelen, vor allem hinsichtlich der radikalen Erkenntnis-und Sprachkritik, so wie der Enthüllung der „…verborgene[n] Inhumanität aller gelebten relativen Werte"[13], also einer Relativierung der bis dahin für absolut gehaltenen Moral. Wie kommen diese Parallelen zustande? Hierzu bieten sich mir vier Hypothesen an: Zum einen sicher durch den Anteil Nietzsches an Kafkas intellektueller Erziehung (s.oben). Zum andern aber auch durch ähnliche psycho-soziale Faktoren. So litten beide unter ihrer Unfähigkeit zu sozialen Kontakten, suchten aber zugleich den Zustand der „…Einsamkeit, Isolierung, Verzweiflung…"[14]. Dieser Zustand war für Kafka„ …die Bedingung der Möglichkeit dafür gewesen, daß [er][…] kompromißlos den Gedankenkreis seiner Zeit durchbrach, zur Gestaltung, eines universellen, wahren Allgemeinen…"[15], Nietzsche sah sich zeitweise „…genötight [..], auf ein Paar Jahre von der Welt förmlich zu verschwinden- um alle [seine] Vergangenheit und menschliche[n] Beziehungen, und Gegenwart, Freunde, Verwandte, Alles, Alles [sich] aus dem Sinn zu schlagen"[16], auch bei ihm ist Einsamkeit Zwang und Lust zugleich. Die dritte Hypothese ist, dass die Ähnlichkeit sich aus der geschichtlichen Lage, sowie gleichen geistesgeschichtlichen Strömungen ergibt, denen beide ausgesetzt waren. Zum einen die fortschreitende Industrialisierung und Urbanisierung, zum anderen wissenschaftliche Neuerungen wie der Darwinismus, die alte Vorstellungen demontierten und das bisherige Weltmodell in Frage stellten. So wird Kafka als

---

[13] Emrich, Wilhelm: Frankfurt am Main 1970, 6. Auflage, S.30
[14] Ebenda, S.22
[15] Ebenda, S.22
[16] Safranski, Rüdiger: Nietzsche –Biographie seines Denkens, München -Wien 2000 , 1.Auflage, S.375

„...extremer Darwinist...“[17] bezeichnet, der unter „dem Einfluss des naturwissenschaftlichen Weltbildes[...] stand.“[18]. Ebenso Nietzsche, der sich „trotz aller Kritik an Darwin...“ der davon ausgehenden „...gewaltigen Suggestion dieses Denkens nicht entziehen“[19]kann. Die letzte Hypothese ist, dass Ähnlichkeiten auch Zufall sein könnten, da einmal Gedachtes immer wieder gedacht werden kann. Wahrscheinlich aber sind es alle vier Faktoren, die hier zusammen spielen.

3. Nietzsches Erkenntniskritik

In Nietzsches Auffassung über das erkennende Bewusstsein und den Wert der Wahrheit spiegelt sich eine radikale Kritik an allen bisherigen Erkenntnistheorien wieder, eine klare Abgrenzung gegenüber klassischen abendländischen Vorstellungen der Wahrheit. Er entwickelt weniger ein auf Logik gründendes eigenes erkenntnistheoretisches System, vielmehr hebt er alle bisherigen Auffassungen mit einer bis zum äußersten gehenden Kritik am Erkennen aus den Angeln. Seine Auffassung ist am ehesten mit dem Ausdruck „Relativismus“ zu bezeichnen; alles, auch die Wahrheit, wird erst in Bezug zu anderen Dingen verifiziert, ins Verhältnis zu etwaigen Vorkenntnissen gesetzt.[20] Eine absolute Wahrheit verliert dadurch ihren Gehalt und ihren Wert. Nietzsche zweifelt den Wert einer absoluten Wahrheit an, nicht nur, da das Absolute erst durch Vergleich und Abgleich mit bereits vorhandendem Wissen verifiziert werden könne, in Nietzsches Augen verliert die Wahrheit ihren Wert bereits vorher, durch die Unfähigkeit des Menschen zur Erkenntnis. Am Anfang steht der Zweifel an der Grundlage jeder Erkenntnis, der Existenz eines Ich-Bewusstseins. Schon der Satz „Ich denke“ ist für ihn eine grammatikalische Verführung, eine Behauptung. Man erkläre „ ...das Ich zum Subjekt und macht es damit im Handumdrehen zum Akteur. Tatsächlich aber ist es der Akt des Denkens, durch den überhaupt erst das Ich-Bewusstsein hervorgebracht wird. Für das Denken gilt: erst der Akt, dann der Akteur.“[21] Entgegen dem, was die Sprache einem weismachen will, weiß man nicht sicher, ob es das Ich ist, dass denkt, man weiß nicht einmal, ob es Denken ist, was man im Augenblick tut,

---

[17]Emrich, Wilhelm: Frankfurt am Main 1970, 6. Auflage, S.31

[18] Ebenda, S.31

[19] Safranski, Rüdiger: Nietzsche –Biographie seines Denkens, München -Wien 2000, 1.Auflage, S.268

[20] Vgl. Bergmann, Rainer u.a.: Zugänge zur Philosophie 2, Berlin 2002, 1. Auflage, S.97f.

[21] „zit. nach:“ Safranski, Rüdiger: Nietzsche –Biographie seines Denkens, München -Wien 2000 , 1.Auflage, S.18

ebenso könnte es Fühlen sein. Um zu entscheiden, was Denken ist, muss man sich vorher darüber klar geworden sein, was Denken bedeutet. Damit wird vor dem Prozess des Denkens eine Festlegung getätigt, die nicht mehr sein kann als eine Behauptung.[22]Für Nietzsche ist das Subjekt niemals in der Lage die Wahrheit zu erkennen, da es sich prinzipiell nicht von seinem Subjektsein lösen kann, es ist eingezwängt in einen nicht zu überbrückenden Perspektivismus. „Wir sind in unserem Netze, wir Spinnen, und was wir auch darin fangen, wir könnten gar nichts fangen, als was sich eben in *unserem* Netze fangen läßt.“[23] Wir sind durch unsere Natur nicht in der Lage eine objektive Sichtweise einzugehen, müssen alles nach unseren eigenen subjektiven Maßstäben, unseren eigenen Erfahrungen, werten und beurteilen. Macht die Perspektive ein Erkennen eigentlich schon unmöglich, so wird das Erkennen durch die Unfähigkeit sich selbst zu erkennen schließendlich verhindert, denn für Nietzsche ist die Selbsterkenntnis die Voraussetzung aller weiterführenden Erkenntnisse. „Erkenne dich selbst ist die ganze Wissenschaft. Erst am Ende der Erkenntnis aller Dinge wird der Mensch sich selber erkannt haben. Denn die Dinge sind nur die Grenze des Menschen.“[24] Die Selbsterkenntnis ist somit die Voraussetzung aller weiteren Erkenntnisse, wobei paradoxerweise erst nach einer vollständigen Erkenntnis aller Dinge diese Selbsterkenntnis möglich wäre. „Warum sieht der Mensch die Dinge nicht? Er steht selber im Weg: er verdeckt die Dinge.“ [25] Gleichzeitig ist er aber nicht in der Lage, den Weg freizumachen, da er erst nachdem er einen Blick auf die im Dunkeln ruhende Wahrheit geworfen hat, sich selber erkennen könnte. Selbsterkenntnis und Erkenntnis bedingen sich so gegenseitig, schließen sich gleichzeitig aber aus, da Selbsterkenntnis durch Unfähigkeit zur Erkenntnis verhindert wird, Erkenntnis wiederum kann aber nur durch eine reine Selbsterkenntnis möglich werden. Erkenntnis folgt laut Nietzsche immer auf Basis bereits fundierten Vorwissens, ist also immer nur ein Rückschluss, ein Vergleich. Es gibt hier keine lange Kausalitätskette von Beweisen, die aneinander bestätigend, zu einer letztlich gültigen Wahrheit führen. Es sind nur lose Behauptungen, die zu einer Scheinwahrheit führen, die auch nur Behauptung sein kann. Auch das Sich-bewusst-sein über die Prozesse des Denkens ist nur eine Behauptung

---

[22]Bergmann, Rainer u.a.: Zugänge zur Philosophie 2, Berlin 2002, 1. Auflage, S.98
[23] Nietzsche, Friedrich: Werke 2, München 1979, 6. Auflage, 2. Buch, S.1093
[24] ebenda, 1. Buch, S.1045
[25] ebenda, 5. Buch, S.226

unsererseits. Es handelt sich vielmehr um eine „…diskontinuierliche Aufhellung[…] in einem Strom aus lauter selbstvergessenen Akten."[26]Das, was wir Bewusstsein nennen und das jenes Gegenüberstellen von innerer Subjektwelt und äußerer Objektwelt meint, ist nur „…sekundäre Reflexion, das Bewußtsein des Bewußtseins…"[27], die unterscheidet und trennt zwischen Wahrnehmung und Handlung, Innen und Außen. Diese „Aufhellung" findet ständig statt. Das Bewusstsein zerlegt einmal Erkanntes immer wieder in lauter Einzelheiten, diese wiederum in weitere Einzelheiten. Ein reflektierendes Bewusstsein gelangt deshalb niemals zu einer Synthese, ist immer nur der Weg zu einem Ziel, das nie erreicht werden kann. Zwischenzeitlich äußert Nietzsche gar den Gedanken, das Bewusstsein sei, da auch nur in einem evolutionären Prozess entstanden, genau so fehlbar und unvollendet wie die Natur, könne sich letztlich als „…Irrläufer der Evolution…"[28]herausstellen. Für ihn bestand Zweifel, ob ein derart geartetes Bewusstsein in der Lage sei die Wirklichkeit zu fassen. Hier klaffen die geistige Welt und die materielle Welt weit auseinander. Das größte Problem bestand für Nietzsche jedoch darin, dass das Bewusstsein nur ein Sich-über-das-Sein-bewusstsein bleibt, niemals aber mit dem Sein verwächst. Das Bewusstsein dreht sich „…immerfort um die eigene Achse…"[29]ohne den Punkt treffen zu können, wo Sein und Bewusstsein eins sind, den „…Identitätspunkt…."[30]Nietzsche öffnete seine Philosophie hier zur Innenwelt, zur Psyche des Menschen hin. Für ihn war die Innenwelt genau wie die Außenwelt eine Erscheinung ohne Festlegungsmöglichkeit, ohne Wahrheitswert. Die Innenwelt bot ihm daher eine ebenso große Möglichkeit, das „Ungeheure", das verborgene Wahre, aufzusuchen. Er wurde zum Forscher der inneren Welt des Menschen. Hierbei erkannte er früh den Triebgrund, der allen Handlungen zu Grunde liegt, das Dunkel-geheimnisvolle, er nannte es das „Dionysische."[31] Am ehesten zeigt sich dieser verborgene, doch allem zu Grunde liegende Urtrieb, in der Ekstase. Das ist der Moment in dem man das wahre Sein am ehesten erfühlen kann. Doch muss man vorsichtig sein, denn leicht versinkt man im Rausch, leicht geschieht es, dass die erfühlte Wahrheit einen in den Abgrund reißt. Diese Vorsicht, ein Bewusstsein, dass

[26] Safranski, Rüdiger: Nietzsche –Biographie seines Denkens, München -Wien 2000, 1.Auflage, S.213
[27] Ebenda, S.213
[28] Ebenda, S.243
[29] Ebenda, S.215
[30] Ebenda, S.215
[31] Ebenda, S.72

die Gefahr kennt und vermeidet, nennt Nietzsche „dionysische Weisheit."[32] Und das ist der Punkt, in dem Nietzsches Erkenntnistheorie mündet, und zu dem er immer wieder zurückkehrt. Dieses zunächst unklar formulierte Schlagwort wird zum Streitpunkt Nietzsches mit sich selbst, zu dem er im Laufe der Jahre verschiedenste Positionen einnehmen wird. Es ist die Frage, ob man eine Wahrheit bewusst verdrängen oder verkennen soll, um das Leben nicht ins Unerträgliche abgleiten zu lassen. Es ist der Streit zwischen Irren-Müssen, zu Gunsten des Lebens, und Erkennen-Wollen auf Kosten des Lebens. Zunächst tendiert Nietzsche zur Verblendung. Manche Wahrheit ist unerträglich, vernichtet den Lebenswillen. Die Illusion ist somit eine Schutzfunktion, die vor dem Blick in den Abgrund schützt. Später verschiebt sich Nietzsches Auffassung in dieser Hinsicht radikal. Er fordert jetzt einen „radikale[n], hemmungslose[n] Wille[n] zur Wahrheit."[33] Man muss der Wahrheit, wie unerträglich sie auch sein mag, mutig gegenübertreten, sie sich „Einverleiben."[34] Dazu bedarf es eines wahrhaft starken Geistes, der in der Lage ist, das Unerträgliche zu ertragen, das Schwere leicht zu nehmen. Das vor allem trifft auf jene Menschen zu, die Nietzsche „Übermensch"[35] nennt. Es sind jene Menschen, die den „Willen zur Wahrheit"[36] in derart ausgeprägter Form besitzen, dass sie sich jeder Wahrheit stellen können, wie schlimm sie auch ist. Zwischenzeitlich verband er beide Einstellungen in dem, was er „...Zweikammersystem der Kultur"[37]nannte. Die Menschheit müsse zwei Hirnkammern haben, „...einmal um Wissenschaft, sodann um Nicht-Wissenschaft zu empfinden: neben einander liegend, ohne Verwirrung, trennbar, abschließbar; es ist diess eine Forderung der Gesundheit. Im einen Bereich liegt die Kraftquelle, im anderen der Regulator: mit Illusionen, Einseitigkeiten, Leidenschaften muss geheizt werden, mit Hülfe der erkennenden Wissenschaft muss den bösartigen und gefährlichen Folgen einer Überheizung vorgebeugt werden."[38]Bald kehrte Nietzsche dieser Auffassung aber wieder den Rücken. In dem Zwiespalt zeigt sich auch der sich durch sein Leben ziehende Streit zwischen Metaphysik und Materialismus, zwischen Nüchternheit und Verblendung. Eng mit Nietzsches Erkenntniskritik verwachsen ist seine Sprachkritik.

---

[32] Safranski, Rüdiger: Nietzsche –Biographie seines Denkens, München -Wien 2000,1.Auflage, S.74
[33] Ebenda, S.143
[34] Ebenda, S.247
[35] Ebenda, S.267
[36] Ebenda, S.143
[37] Ebenda, S.203
[38] Ebenda, S.203

Die Menschen denken und erkennen vorwiegend in Sprache. Die Sprache ist somit die Grenze der Erkenntnis. „..Für das Bewusstsein [hört] das Reich des Daseins da auf, wo das Reich der Worte endet." [39]. Die Sprache ist also das zentrale Mittel zur Erkenntnis, gleichzeitig aber ein sehr beschränktes, durch seine Bedingtheit, seine Oberflächlichkeit. So versagt sie bei der Beschreibung der inneren Zustände schnell, nämlich immer dann, wenn es nicht um superlative Zustände wie Hass, Liebe, Zorn geht, sondern um die seichteren Gefühle, das Geflecht aus Empfindungen, das sich unermüdlich spannt und entspannt. Dieser Teil der Wirklichkeit kann somit nicht erfasst werden. Hier geht er wieder auf die Konzeption des Bewusstseins ein, das vor allem der Kommunikation und der Mitteilungsmöglichkeit diene[40]. Das Bewusstsein ist somit etwas, was sich nicht auf den Einzelnen, sondern auf die Gemeinschaft bezieht, der es dient. Das Bewusstsein und die Sprache sind einander bedingende Mitteilungsmöglichkeiten. Da sie aber auf die Gesellschaft zugeschnitten sind, können sie nur oberflächlich und verflacht sein. Sie machen es dem Einzelnen daher unmöglich sich mittels dieses Bewusstseins selbst zu erkennen, da „… immer nur gerade das Nicht-Individuelle an sich zum Bewusstsein…"[41]gebracht wird. Nietzsches dichterische Sprache stellt gerade den Versuch dar, diese Unfähigkeit zur Mitteilung wirklicher Prozesse zu überwinden. Er entkräftet diese Radikalität außerdem dadurch, dass er der Sprache und dem Bewusstsein zwar die Möglichkeit der Erkenntnis nimmt, in ihnen aber eine eigene Lebenswirklichkeit gegeben sieht, die für sich auch wahr ist. Eine Teilerkenntnis dieser Wirklichkeit wird also nicht ausgeschlossen. Nietzsche hat den Wert der Wahrheit bestritten. Um alle bisherigen Weltbilder aus den Angeln heben zu können ist dennoch ein Bezugspunkt von Nöten, an dem sich das Brecheisen ansetzen lässt. Dieser Fluchtpunkt ist so etwas wie eine logische Restgröße, etwas Undefinierbares, dass man aber als Stütze benötigt. Nietzsche beschreibt diesen Gedanken, auf den sich alle Wahrheitstheorie stützt, und mit dem Zitat will ich meine Beschreibung der Erkenntniskritik Nietzsches enden lassen, wie folgt: „ Es gibt nur Interpretationen, wir kennen keinen Urtext. Das es einen Urtext gibt, ist das logische

---

[39] Safranski, Rüdiger: Nietzsche –Biographie seines Denkens, München -Wien 2000, 1.Auflage, S.209
[40] Vgl. Ebenda, S.218f
[41] Ebenda, S.218

Postulat jeder Interpretation, aber diesen erschlossenen Urtext kennt keiner. So verhält es sich mit dem erschlossenen Wesen der Welt." [42]

4. Die Parabel und das Paradox bei Kafka

Kafkas Erzählungen ähneln in vielerlei Hinsicht den Parabeln, werden häufig sogar dieser literarischen Gattung zugeordnet. Mit den Parabeln Kafkas hat es jedoch eine besondere Bewandtnis, über die man sich zum Verständnis seiner Texte im Klaren sein muss. Was ist eine klassische Parabel? Es ist eine dem Gleichnis verwandte Form des Erzählens, die in meist kurzer, lehrhafter Weise eine Moral oder eine Weisheit vermittelt. Sie arbeitet dabei auf zwei Ebenen. Zum einen auf einer Bildebene, das allgemein dargestellte Geschehen, auf der anderen Seite die hinter diesem Geschehen sich verbergende Sachebene, die symbolische Bedeutung hat. Der Leser muss von einer allgemeinen Bildebene durch einen Analogieschluss zum tatsächlich Gemeinten, der Sachebene, gelangen. Der Kern der Parabel ist der Lehrspruch, um den sie kreist und den es zu erschließen gilt. Ganz anders Kafkas Parabeln. Diese stellen vielmehr ein verzehrtes Bild der Wirklichkeit dar. Kafka schafft in seinen parabelartigen Erzählungen eigene Gesetze, die Kausalität zwischen Ursache und Wirkung ist aufgehoben[43], es reiht sich scheinbar unverbunden Ereignis an Ereignis, ohne dass man mit dem Verstand begreifen könnte, wo der tatsächliche Zusammenhang besteht. Die Bildebene, das Geschehen, ist durch diese Verfremdung der Wirklichkeit daher schon an und für sich kaum greifbar. Eine literarische Stilfigur steht im Mittelpunkt von Kafkas Erzählungen und ist der Hauptgrund für die Absurdität: Das Paradox - ein Scheinwiderspruch. Wenn etwa der Passant in einer von Kafkas Erzählung, statt der erwarteten Auskunft, vom Polizisten die Antwort „Gibs Auf!"[44] erhält, ist das ein Paradox, da es im Widerspruch zu der Erwartung steht, die man anhand der Kenntnisse und der Beobachtungen in der Realität gemacht hat. Solch ein Paradox stellt sich dort ein, wo ein unzugänglicher Vorgang in eine allgemein gültige, vernünftige Sprache eingeht.[45] Das Unfassbare wird durch Sprache versucht zu erfassen, durch die Unzulänglichkeit der Sprache aber bleibt der Versuch erfolglos. Kafkas Paradox geht

---

[42] „zit. nach:" Safranski, Rüdiger: Nietzsche –Biographie seines Denkens, München -Wien 2000, 1.Auflage, S.161

[43] Vgl. Politzer, Heinz: Franz Kafka –Der Künstler, Baden –Baden 1978, 1. Auflage, S.41f.

[44] Kafka, Franz: Sämtliche Werke, Neu Isenburg 2006, 1.Auflage, S.777

[45] Vgl. Politzer, Heinz: Franz Kafka –Der Künstler, Baden –Baden 1978, 1. Auflage, S.43

sogar noch weiter. Er verfremdet den Scheinwiderspruch, in dem er ihn wiederum umkehrt. Ein Beispiel: Wer sucht, findet nicht. Das ist ein klassisches Paradox. Kafka macht daraus: „Wer sucht, findet nicht, aber wer nicht sucht, wird gefunden."[46]Das nennt sich gleitendes Paradox, ein Widerspruch folgt auf den Nächsten, ein unentwirrbares Netz aus Widersprüchlichkeiten spannt sich so beim Lesen aus, das den Leser einfängt und nicht mehr freigibt. Das Paradox findet sich bei Kafka im Kern der Parabel, da wo sonst der Lehrspruch steht.[47]Seine Parabeln geraten, da sie unendlich vieldeutig sind, in den Abgrund der Undeutbarkeit. Eine Deutung übersteigt den menschlichen Verstand. Gerade im Kreisen um die Unlösbarkeit steckt jedoch die tiefere Aussage Kafkas: „ Alle Gleichnisse wollen eigentlich nur sagen, daß das Unfaßbare unfaßbar ist, und das haben wir gewußt."[48] „Gibs Auf!"[49], dieser Ausruf des Polizisten scheint allen Parabeln zu Grunde zu liegen.

5. Der Jäger Gracchus

5.1 Inhaltsangabe

„Der Jäger Gracchus" ist eine 1917 entstandene fragmentarische parabolische Erzählung Franz Kafkas, die posthum veröffentlicht wurde.

„Zwei Knaben saßen auf der Quaimauer und spielten Würfel. Ein Mann las eine Zeitung auf den Stufen eines Denkmals im Schatten eines säbelschwingenden Helden. Ein Mädchen am Brunnen füllte Wasser in ihre Bütte. Ein Obstverkäufer lag neben seiner Ware und blickte auf den See hinaus."[50]Mit diesen lose aneinander gereihten Eindrücken, die die idyllische Ruhe der italienischen Stadt Riva ausmalen, beginnt die Erzählung. In dieser Idylle trifft nun eine Barke ein, die „…leise, als werde sie über dem Wasser getragen, in den kleinen Hafen"[51] einfährt. Zwei Männer tragen eine Bahre auf der „…offenbar ein Mensch lag."[52] Die Bewohner der kleinen Hafenstadt scheinen von diesem Vorgang in keinster Weise Kenntnis zu nehmen. Die Bahre wird nun in ein

---

[46] Kafka, Franz: Sämtliche Werke, Neu Isenburg 2006, 1.Auflage, S.571
[47] Vgl. Politzer, Heinz: Franz Kafka –Der Künstler, Baden –Baden 1978, 1. Auflage, S.43
[48] Kafka, Franz: Sämtliche Werke, Neu Isenburg 2006, 1.Auflage, S.768
[49] Ebenda, S.777
[50] Ebenda, S.769
[51] Ebenda, S.769
[52] Ebenda, S.769

„…gelbliches, zweistöckiges Haus…"[53] getragen und dort in einen großen, dunklen Raum gebracht, der sich an der Hinterseite des Hauses befindet. Die Träger entzünden Kerzen, die aber nicht dazu beitragen, die Dunkelheit des Raumes zu erhellen. Schließlich tritt ein Herr, der Bürgermeister von Riva an die Bahre, segnet den auf der Bahre liegenden, und gibt den Umstehenden zu verstehen, den Raum zu verlassen. In der nun entstandenen Stille öffnet der Daliegende die Augen. Im folgenden Dialog gibt der Liegende zu verstehen, dass er der Jäger Gracchus sei. Der Bürgermeister wurde am Abend zuvor von dessen Ankunft unterrichtet, ist daher nicht überrascht. Dieser Jäger kam vor Jahren bei einer Gämsenjagd im Schwarzwald durch einen Sturz ums Leben. Der Todeskahn, der ihn ins Jenseits bringen sollte, verfehlte jedoch durch eine Unachtsamkeit des Bootsmannes den Weg. Daher ist der Jäger weder tot, noch lebendig. Er bereise mit seinem Kahn alle Gewässer der Erde, irre herum ohne das Jenseits erreichen zu können. Gleichwohl wünscht der Jäger sich sehnlichst, sterben zu können. „Der Gedanke, [ihm] helfen zu wollen, ist eine Krankheit und muß im Bett geheilt werden."[54] Der Bürgermeister fragt nach der Schuld für dieses Unglück. Der Jäger weist diese dem Bootsmann zu, nachdem er sein eigenes Verschulden zurückwies. Am Ende fragt der Bürgermeister, ob der Reisende in Riva verweilen will. Dieses Ansinnen weist der Jäger zurück: „ Mein Kahn ist ohne Steuer, er fährt mit dem Wind, der in den untersten Regionen des Todes bläst."[55]

5.2 Die Wahrheit bei Gracchus

Ein Paradox steht im Kern der Geschichte: „Sind sie tot?", fragt der Bürgermeister. „Ja", sagte der Jäger, „wie Sie sehen."[56] Kurz darauf: „ Aber sie leben doch auch." „ Gewissermaßen"[57], sagte der Jäger. Der Jäger ist sowohl tot als auch lebendig, vielmehr: Er ist aus allen Ordnungen, den des Irdischen und den des Jenseitigen, gefallen, er ist jetzt überall und nirgendwo, es lässt sich keine eindeutige Aussage über sein Dasein machen.[58] Sobald man eine Festlegung zu machen versucht, wird diese sogleich wieder aufgelöst. Die Parabel kreist also, typisch Kafka, um den unlösbaren

---

[53] Kafka, Franz: Sämtliche Werke, Neu Isenburg 2006, 1.Auflage, S.769
[54] Ebenda, S.772
[55] Ebenda, S.772
[56] Ebenda, S.771
[57] Ebenda, S.771
[58] Vgl. Emrich, Wilhelm: Frankfurt am Main 1970, 6. Auflage, S.16f.

Widerspruch, hier um den Widerspruch des Daseins selbst. Es folgen weitere Paradoxien. So fragt der Jäger den Bürgermeister, ob er in Riva bleiben solle. Gegen Ende antwortet er auf die Frage des Bürgermeisters, ob er in Riva zu bleiben gedenke, dagegen fast spöttisch: „ Ich gedenke nicht."[59] Der Jäger scheint sich über sein eigenes Schicksal entweder im Unklaren zu sein, oder er leugnet es in unbeherrschten Augenblicken, wobei es „…zum Austreiben solcher Gedanken…" genügt, sich zu vergegenwärtigen, „…wo ich bin…"[60] Dieser Zwiespalt im Jäger zeigt schon der anfängliche Ausdruck „…schmerzlich lächelnd…"[61] Einerseits weiß er um sein „Unglück"[62], andererseits überspielt er sein Schicksal lächelnd. Bei seinem Erwachen fragt er den Bürgermeister: „ Wer bist du?"[63], um kurze Zeit später bekannt zu geben, er wisse es ja, vergesse im ersten Augenblick aber immer alles. „ …es ist besser, ich frage, auch wenn ich alles weiß."[64] Der Jäger spürt trotz seiner Erkenntnis den Drang, alles ständig neu zu hinterfragen; es ist als sei das Wissen ihm selbst nicht geheuer. In diesem Zusammenhang steht auch die Aussage, der Bürgermeister wisse wahrscheinlich von ihm, die gegen Ende durch die Gegenaussage entwertet wird, „niemand weiß von mir."[65] Und warum jagt der Jäger, der für die Wolfsjagd bestimmt ist, Gämse? Es scheint schon seine damalige Tätigkeit, seine irdische Existenz, einen gewissen Widerspruch in sich zu bergen. Diese Kumulation von Paradoxien, die ineinander überführen, und so zum gleitenden Paradox werden, veranschaulicht treffend die Haltung Kafkas zur Wahrheit. Der Leser kann so das Paradoxe der Erkenntnis, den Zwist seiner Existenz, nachfühlen. Kafka demontiert die Erkenntnismöglichkeit damit bereits beim Erschließen des Textes selbst. Der Jäger Gracchus ist aus der begrenzten Ordnung der Dinge gefallen, im wahrsten Sinne des Wortes gestürzt, und ist dadurch in der Lage die Wahrheit zu erkennen. Gracchus erträgt die Last des Ganzen und die der unendlichen Einzelheiten durch Grenzüberschreitung des Lebens und des Todes. Die Erkenntnis richtete sich dabei gegen den Erkennenden selbst. Die Selbsterkenntnis endet in der Vernichtung, die Wahrheit erfordert Lebensverzicht. Tragisch aber ist, dass die Wahrheit nur in der Welt zu finden ist. Daher bleibt der Jäger auf der Erde gefangen,

---

[59] Kafka, Franz: Sämtliche Werke, Neu Isenburg 2006, 1.Auflage, S.772
[60] Ebenda, S.772
[61] Ebenda, S.770
[62] Ebenda, S.771
[63] Ebenda, S.770
[64] Ebenda, S. 770
[65] Ebenda, S.772

bleibt „...auf der großen Treppe, die hinaufführt."[66] Der Jäger ist wie ein „Schmetterling"[67], doch nur im Sinne der Rastlosigkeit. Es handelt sich um keine Freiheit, es ist nicht zum Lachen, wie er den Bürgermeister ermahnt. Der Todeswind, der den Kahn antreibt, aber nicht zum Ziel bringt, ist die Unentrinnbarkeit und der Zwang der irdischen Gesetze, denen man nicht entkommen kann. Man ist an die Gesetze gebunden. Und wer ist Schuld an dem Unglück? Laut Jäger der Bootsmann, eigentlich aber lässt sich die Frage nicht beantworten. Tragen wir wohl alle durch unsere Existenz eine Schuld. Um unsere Existenz zu rechtfertigen bedarf es der vollständigen Gewinnung der Wahrheit, es geht um „die Gewinnung einer vollgültigen humanen Existenz."[68] Diese notwendige Wahrheit ist aber unfassbar, wenn dann nur im Sinne eines Lebens zwischen den Sphären. Der Jäger Gracchus ist das Universelle, das absolute Allgemeine, der „...an allem Anteil hat und doch in keinem Teil der Welt aufgeht."[69]Der Gast ist das Einzelne, das Irdische. Die beiden Welten verstehen einander nicht. Ersichtlich wird das als der Bürgermeister, der die Geschichte zwar außerordentlich fand, naiv fragt, ob er zu bleiben gedenke. Eine kindische Frage, er hat anscheinend nichts von all dem verstanden, was der Gast erzählt hat. Die Wahrheit und die Irdische Welt reden aneinander vorbei, verstehen sich nicht. Auch der Jäger missversteht das Verhalten des Bürgermeisters, ihm ist das Irdische fremd. Diese Scheidung ist jedoch nur scheinbar, eine sekundäre Reflexion. Selbst das Universelle ist nur ein Teilphänomen, „...,das erst im Widerspiel mit der sinnlich konkreten Existenz..."[70] seine Sinnhaftigkeit erhält. Bemerkenswert auch die anfangs lose aneinandergereihten Impressionen des alltäglichen Lebens. Zwei Dinge werden hier deutlich. Kafka versucht zum einen durch die summative Reihung die Fülle des Lebens und die Vergänglichkeit dieser Erscheinungen zu verdeutlichen, zum andern sucht er durch Zusammenfassung alles Einzelnen zum Sinn des Seins zu gelangen. Das Desinteresse der Bewohner gegenüber der Ankunft der Barke, der Junge, der sie bemerkt und schnell das Fenster schließt, sowie die Erde, die als „nächtliche Herberge"[71] bezeichnet wird, zeigen wie die Menschen der Erkenntnis ausweichen, sie

---

[66] Kafka, Franz: Sämtliche Werke, Neu Isenburg 2006, 1.Auflage, S.771
[67] Ebenda, S.771
[68] Emrich, Wilhelm: Frankfurt am Main 1970, 6. Auflage, S.52
[69] Ebenda, S.16
[70] Ebenda, S.84
[71]Kafka, Franz: Sämtliche Werke, Neu Isenburg 2006, 1.Auflage, S.772

15

nicht sehen wollen oder aber durch alltägliche Aufgaben abgelenkt werden. Das Leben selbst wird zum Grund für den Schlummer der Menschen- das Bewusstsein ist nicht in der Lage aus allen Einzelheiten ein Ganzes zu machen, und wäre es in der Lage, so sorgte das Leben für die Ablenkung, die dazu beiträgt, die Fahrt zu verfehlen.

6. Wahrheit im Vergleich

Nachdem die wesentlichen Punkte bei beiden gründlich herausgearbeitet wurden, kann man sich bei dem Vergleich auf eine Gegenüberstellung der Ähnlichkeiten beschränken. Kafka und Nietzsche sehen die Unmöglichkeit jeder Erkenntnis. Selbst durch Überwindung der beschränkten Ordnung erreiche man die Wahrheit nicht, irrt ziellos herum, wie der Jäger Gracchus auf seinem Schiff. Die höchst mögliche Erkenntnis ist bei beiden das Wissen um die Unfassbarkeit und die Unmöglichkeit einer Synthese aller Einzelheiten. Das Absolute, es existiert in der Erzählung nur als fernes Leuchten des Tores, bei Nietzsche als logische Restgröße. Ihre Ansätze beziehen sich jedoch beide auf diese Wahrheit als Fluchtpunkt, eine Wahrheit, die aber nicht näher beschrieben werden kann. Es existiert, das sehen beide, eine Wirklichkeit im Leben selbst, daher ist der Jäger auf der Erde gefangen und kann ihr nicht entkommen. Die Wahrheit liegt im Sein, findet sich nicht in einem Jenseits. Nietzsche sieht im Bewusstsein eine sekundäre Reflexion, das in Innen und Außen scheidet. Auch in der Erzählung wird erst nach einer Reflektion der beiden Protagonisten geschieden in Jenseits und Diesseits, dabei ergeben beide Welten zusammen erst die ganze Wahrheit. Man kann die Wahrheit nicht zerstückeln, genau das tun die beiden Hauptfiguren jedoch ununterbrochen. Kafka sagte:„Es gibt nur zweierlei: Wahrheit und Lüge. Wahrheit ist unteilbar, kann sich also selbst nicht erkennen; wer sie erkennen will muß Lüge sein."[72]Der Perspektivismus, der Jäger und der Bürgermeister sehen nur ihre eigene Wirklichkeit und können nicht über ihre Existenz hinausschauen, er macht eine Erkenntnis unmöglich. Kafka sieht wie Nietzsche, die zerstörerische Kraft der Wahrheit, es richtet sich das Erkennen gegen den Jäger. Die Anwohner geben sich daher ihrer Scheinwirklichkeit hin, um nicht „abzustürzen", parallel zu Nietzsche, der so oft die Notwendigkeit der Illusion betonte. Zuletzt gemeinsam ist beiden die Selbsterkenntnis als Basis jeder Erkenntnis. „Erkenne

---

[72] Ebenda, S.574

16

dich selbst ist die ganze Wissenschaft."[73] Auch der Jäger sieht sich selbst, er erwacht auf seinem Kahn. Doch steht er, vielmehr seine Existenz, den Dingen im Weg. Der Jäger erwacht, erkennt sich, kann seine Beschränktheit jedoch nie überwinden, selbst zwischen Leben und Tod nicht. Das ist das „Unglück", das Schicksal der Menschen. Sowohl Kafka als auch Nietzsche haben das erkannt.

7. Die Bäume

7.1 Die Erzählung

„Denn wir sind wie Baumstämme im Schnee. Scheinbar liegen sie glatt auf, und mit einem kleinen Anstoß sollte man sie wegschieben können. Nein, das kann man nicht, denn sie sind feste mit dem Boden verbunden. Aber sieh, sogar das ist nur scheinbar."[74]

7.2 Wahrheit der Bäume und Schlusswort

Das kleine Prosastück Kafkas spielt mit der Scheinhaftigkeit der Dinge. Die Wörter „scheinbar" sowie das „sollte" verdeutlichen die nur oberflächliche Wahrheit der Aussage. Die These wird sogleich durch eine Antithese gebrochen. Die Oberfläche erwies sich wie erwartet als dünn. Nun aber folgt das Unerwartete: Auch diese These ist nur „scheinbar." Das was man für die Wahrheit hält ist ebenso eine Verfälschung wie die lächerliche Behauptung zu Beginn. Die Aussagen werden dreimal reflektiert und gebrochen, die Erzählung endet offen, ohne zu offenbaren, was denn nun wahr ist. Die Bedeutung ist offensichtlich: Das Bewusstsein ist nicht in der Lage die empirische Welt zu erfassen. Der Mensch baut sich daher ein Gerüst aus Illusionen auf. Die Erzählung reißt den Schleier aus Selbst-Täuschungen hinunter, lässt den Leser mit der schmerzhaften Erkenntnis dann allein zurück. Kafka hat diesen Schmerz sein Leben lang ertragen müssen, Nietzsche ist an ihm zuletzt zu Grunde gegangen. Er endete in der Nervenheilanstalt. Was ist die Wahrheit? Ich sage stets: Die Wahrheit ist eine Kugel aus Glas, prüfe sie, und sie zerbricht. Nietzsche und Kafka: Sie haben mit den Scherben der zerbrochenen Wahrheit gespielt und sich so manchmal geschnitten. Aufgehört, die Wahrheit in den Scherbenresten zu suchen, haben sie nie.

---

[73] Nietzsche, Friedrich: Werke 2, München 1979, 6. Auflage, 1. Buch, S.1045
[74] Kafka, Franz: Sämtliche Werke, Neu Isenburg 2006, 1.Auflage, S.932

Literaturverzeichnis:

-Bergmann, Rainer u.a.: Zugänge zur Philosophie, Berlin 1995 1.Auflage

-Bergmann, Rainer u.a.: Zugänge zur Philosophie 2, Berlin 2002 1. Auflage

-Emrich, Wilhelm: Frankfurt am Main 1970 6. Auflage

-Heller, Erich: Franz Kafka, 1976, 3. Auflage, Berlin

-Kafka, Franz: Sämtliche Werke, Neu Isenburg 2006 1.Auflage

-Nietzsche, Friedrich: Werke 2, München 1979 6. Auflage

-Politzer, Heinz: Franz Kafka –Der Künstler, Baden –Baden 1978 1. Auflage

-Safranski, Rüdiger: Nietzsche –Biographie seines Denkens, München -Wien 2000
1.Auflage

Erklärung: „ Ich erkläre, dass ich die Facharbeit ohne fremde Hilfe angefertigt habe und nur die im Literarturverzeichnis angeführten Quellen und Hilfsmittel benutzt habe. "

Unterschrift: